AF238187

ediciones**carena**

Paloma Lafuente Gómez

LA MUJER DEL PIJAMA

Primera edición: junio 2024

© Paloma Lafuente Gómez
© Ediciones Carena

Ediciones Carena
c/Alpens, 31-33
08014 Barcelona
T. 934 310 283
www.edicionescarena.com
info@edicionescarena.com

Diseño de la cubierta: Kaicy Orellana
Imagen de cubierta: Paula Falcón
Maquetación: Kaicy Orellana
Coordinación y revisión: Jesús Martínez
WWW.REPORTEROJESUS.COM

Depósito legal B 12313-2024

ISBN 978-84-19890-78-8

Impreso en España - Printed in Spain

EDICIONES CARENA apoya la protección del *copyright*.
El *copyright* estimula la creatividad, defiende la diversidad en el ámbito de las ideas y el conocimiento, promueve la libre expresión y favorece una cultura viva. Gracias por comprar una edición autorizada de este libro y por respetar las leyes del *copyright* al no reproducir, escanear ni distribuir ninguna parte de esta obra por ningún medio sin permiso. Al hacerlo está respaldando a los autores y permitiendo que PRHGE continúe publicando libros para todos los lectores. Diríjase a CEDRO (Centro Español de Derechos Reprográficos, http://www.cedro.org) si necesita fotocopiar o escanear algún fragmento de esta obra.

A César.

Sueñan las pulgas con comprarse un perro y sueñan los nadies con salir de pobres, que algún mágico día llueva de pronto la buena suerte.

EDUARDO GALEANO

ÍNDICE

CAPÍTULO 1: *ADAPTACIÓN*

1. Cuerpo

1.1 Piedad

Llevo casi tres años sin soltarme el pelo,
siempre recogido huye del calor y
demanda ser atado en una coleta,
demasiado tiempo sin respirar
y nutrirse de los rayos del sol.
Mientras mis canas aparecen
como autopistas cada vez más largas.

Trato en vano de esconderlas,
como a mí misma.
El gorro las tapa justo
en el lugar adecuado.
Oculto los ojos detrás de las gafas
para no ver, embadurno mis brazos
con crema blanca como yogur
y cubro mis manos con guantes de nailon
pese a los cuarenta grados de calor tropical.

Como todos los días
me disfrazo para salir a la calle.
Pongo capas en la superficie,
tapo mi piel.
Lo aprendí de ellas,
de las mujeres camboyanas
las que más sufren este clima maldito.
Condenadas a trabajar en las calles
vendiendo sopas y caracoles,
recogiendo cartones.
Huyen despavoridas de la luz del sol
que oscurece su piel, ese sol
despiadado que las clasifica
colocándolas en un vagón de segunda.

Forradas de ropa no se muestran,
ni enseñan sus brazos ni sus manos,
menos el rostro, que, escondido,
permanece entre gorras,
pañuelos y mascarillas.

Observo las pequeñas manchitas
que el sol ha tatuado en mis manos,
signos del tiempo que voy dejando en el camino.
Los despiadados rayos de este sol agonizante
queman toda superficie, destiñen
y destruyen la ropa en cada exposición
blanqueándola sin piedad.

Piedad, por favor, piedad,
todos la piden, todos la anhelan,
pero la piedad no existe en este lugar.

2. Entorno

2.1 En un carromato debajo del sol

En un carromato debajo del sol
la mujer vende caracoles

Ruidos constantes insisten en golpearte,
desesperantes,
extenuantes,
eternos.
Es el ruido canalla de las máquinas que no paran
que no quieren parar,
tienen miedo de quedarse atrás.
Tierra vacía,
callada,
dormida.
Es la nana constante de los niños eternos
que crecen con miedo en las venas.

En un carromato debajo del sol
la mujer recoge cartones

Cuerpos autómatas obedecen dormidos
a una única dirección,
ausentes se arrastran por aceras sin nombre
entre el tráfico y la polución.
Son los huecos robados,
vendidos sin piedad,
abiertos en el infinito, sangran y gimen
retorciéndose extenuados de dolor.
Las manos aprietan la máquina de hierro
que engulle la vida,
llevándose la de ellos.

En un carromato debajo del sol
la mujer vende sopas

Ruidos agotadores,
eternos.
Nadie escucha,
todos callan otorgando silencios de miedo
embadurnando el aire polvoso
y denso.

Ruidos que ametrallan la cabeza,
son bombas inesperadas debajo de la tierra
asesinando hombres escuálidos
obedientes sonrisas,
inmunes, vacías.
¿a quién le importa?
Ruido ladrón que devora la naturaleza,
engulle a los pájaros,
asusta la vida,

bálsamo del poderoso.
Por más que luchas por esquivarlo,
más te persigue,
Por más que te escondes,
más aparece delante de ti.
Por más que corres,
más lento vas.
Por más esfuerzo,
menos recompensa.

En un carromato debajo del sol
la mujer vende caracoles

Música, no;
ruido.
Música, no;
trueno.
Música, no;
hervidero de sonidos.
Música, no;
bullicio.

Para olvidar
duermen callados en hamacas
Para no ver,
cierran los ojos
llenando el pavoroso miedo a reconocerse.
Para no escuchar,
tapan sus oídos
evitando el estruendoso ruido
de otra detonación.

Son monstruos llenando el vacío
esperando que llegue la hora del castigo.
Ocultas las lágrimas bajo el sombrero
de un trauma olvidado entre el alcohol y
el griterío de voces y risas absurdas.
Disparate del necio.
Robot callado.

En un carromato debajo del sol
la mujer vende pescado

2.2 Sabor amargo

Sabor,
sabor amargo,
sabor podrido
perpetuamente sabor.
Sabor cansado,
violento,
apagado.
Sabor a establo,
a pescado putrefacto
y fermentado.
Sabor a Prhojoh mezclado con cerdo,
con pato
colgado de un gancho.

Con moscas ofreces la carne,
con tu mano generosa
de hermano.
Cada calle,
cada mercado
tiene impregnados olores penetrantes,
extraños.
La manzana
no es manzana,
sabe a palmera glaseada.

En el aire el aroma de las parrillas
vuela despreocupado
invisible como ellos
adhiriéndose en la ropa colgada
con lejía y detergente barato.

Sabor amargo.
Sabor pesado.
Sabor marrano.
Olor clavado
en el corazón.

3.   Cultura y formas de vida

3.1 Se acabaron las nanas

Se acabaron las nanas,
el sonido envolvente de la cultura
hundido en esponjosas almohadas,
el pesado sello de la identidad que arrastras.

Se acabaron las nanas,
los reflejos, los espejos,
los colores del ayer tan lejano,
la mano amiga,
el abrazo cercano,
los ojos iluminados.

Se acabaron las nanas,
el niño no es niño,
es anciano.
No es niño,
está cansado.
Te ve de lejos y grita:
«Hello!», y luego… callado.
No tiene padres
sino hermanos
adolescentes, callados
dormidos, volados.

Te acercas,
se ríen,
se callan,
se esconden,
te huyen,
te abrasan,
no hay sangre,
¡no hay venas!,
solo agua que no fluye.

Nadie se acerca,
no pasa nada,
es parte de su cultura.
Nadie te habla,
no pasa nada,
es parte de su cultura.
Nadie pregunta,
nadie te escucha.

Nadie,
allí fuera no hay nadie.
Solo estás tú
y no existes,
como ellos.

3.2 Borrachos y apartados

Allí abajo están como cada tarde
nómadas desterrados,
habitantes de las calles
tumbados en sus camas
de madera desconchada.

No importa,
cada día es feriado
descansan aliviados obreros, conductores,
limpiadores, vendedores
explotados, apartados.
Gotas de sudor resbalan
por sus caras,
marchitadas de dolor.

Siempre son los mismos
en cada lugar del mundo
con alcohol entre las manos.
En la provincia dejaron esposa,
hijos y ancianos que esperan (...)
desconsolados.

Una niña camina delante de ellos,
los mira de reojo mientras se prepara,
se cuelga el escudo y levanta firme la cabeza,
sellando su boca.
Cruza atenta la calle
lentamente para no ser interceptada por las miradas.
Los ojos ocultos para no ver,

Los oidos tapados
para no escuchar
La cara cubierta
para aparentar
aplastadas las formas
para no ser

La noche les devora pasadas cuatro horas.
Más gente, más brindis, más manos.
Un grito,
una risa
Una gota,
otra gota,
más tiempo derramado.
No importa,
cada día es feriado.
¡Brindemos, bebamos!

Latas y bolsas de plástico
se acumulan en cestos de mimbre
que el perro moribundo engulle.
Un anciano chupado va recogiendo las sobras
llenando los sacos pesados
en su espalda chepuda
y cansada.
¿Una cerveza, hermano?
La jornada del día se juega a las cartas
no llegará ni un dólar a la casa.

¡La cabeza!
¡Han perdido la cabeza!
No pasa nada,
la encontrarán mañana.

3.3 Hermanos lejanos

Cómo me cuesta llegar hasta ese lado,
al más lejano,
donde escondes tanto llanto,
tanto rencor mal curado.
Ni la voz ni la risa llegan.
Ni la luz ni la compañía sin ti,
pero a tu lado.

Qué extraño es el ser humano,
qué profundos caminos transita
sin saber nada del pasado
y, de repente,
se encuentra a un hermano
y se siente más... lejos,
más ciego, más confuso y extraño,
más apagado.

No es la lengua, que no entiendo.
No es la altura, de mi cuerpo
No es la piel, que me forraron.
Es la mente construida,
la falta de poder
y el engaño.
La distancia profunda
de la sombra del ayer
que ¡pobre de ti!
te hicieron creer.

¡Qué tristeza es verte como me ves!
Con tu mirada harapienta
y tu boca que repite sin cesar:
Una más, una más.
Una más…
una extranjera
más.
Observas de reojo
con tu larga visera de pico de pato,
mientras comienza la curiosa espera
soñando con ser la extranjera.
Esa niña que, sin poder imaginarlo,
cubre su rostro para no verte tanto.

¡Qué monstruo has creado
que ni tu sangre anhela!
ni desesperado puede arrancarte
un trozo de carne,
porque la piel está seca y helada.
¡Qué hicieron con tu mirada!

Los niños tan educados,
disciplina es la consigna,
la norma y la jerarquía.
Mira, hijo: un extraño.
Ya lo veo, papá, ya le hablo,
pero solo llega un *hello!* a sus labios.
¡Qué distancia, qué camino tan largo!
Por más que intento
no puedo alcanzarlo.

Si algo he de llevarme
de los años transcurridos
en este país de quebranto,
es aprender que el apego
se construye con cariño,
pero también con llanto.

3.4 Cadenas

Vivo en una cárcel,
no puedo salir.
Mi salud y mi cuerpo se van apagando,
las venas cada vez más hinchadas…
ya ni corre la sangre.
Mi mente va rápido, demasiado,
le habla a mi cuerpo.
«¡Actúa!», le grita, desconsolado.
El cuerpo se activa recibiendo las órdenes y ejecuta.
Un pie,
otro pie,
las piernas.

Avanzas,
intentas caminar
entre escombros y basura.
El olor es insoportable,
la miseria se apodera de ti.

Un grito, ¡gritas!,
en vano.
Quisieras salir de aquí,
pero no puedes.

En la calle las miradas de los apartados,
los pobres del mundo,
los excluidos,
¡nuestros hermanos!
caminan descalzos
sobre el abrasador asfalto.

Niños perdidos,
almas vagabundeando entre el tráfico
que pasa ausente sin ceder a sus pasos.
Invasión de la vida,
del capital y el dinero
que absorbe el paisaje
llenándolo todo de desesperanza
y vacío.

Algunas almas… viven lejos de aquí,
pero pasan a su lado
Mansiones con columnas romanas de trapo,
automóviles gigantes
con cristales tintados,
risas huecas,
carcajadas de lo absurdo,
¡una burda comedia!,
un teatro orquestado por el poder y
el dinero que invade su tierra.

Sobreviven cada día,
igual que tú,
en esta ciudad.

3.5 Enjaulada

Te pesan las piernas,
caminas deslizándote por el suelo,
pero el peso es insoportable.
El cuerpo desarticulado, compungido,
acabado.

Piensa rápido, no hay tiempo,
la muerte está más cerca
después de ese segundo,
intenta respirar en vano, apenas
corre el aire.
Edificios abandonados,
escuelas abiertas a la intemperie
donde ya no juegan niños.

Vestirte.
Ya no siento el placer de vestirme,
ni colocar algo sobre mi piel
para sentirme bien,
cómoda o ligera,
mucho menos sexi.
Me visto para sobrevivir.

CAPÍTULO 2: *INCOMPRENSIÓN*

2. Idioma

2.1 Susurros

Los sonidos son
martillos sobre la cabeza,
golpes secos en una mesa
de madera maciza,
voces desconocidas y penetrantes
deambulan distorsionadas
como vísceras huecas
subidas al vehículo que atrae
a los monstruos.
No hay suavidad ni armonía
como en otros lugares
que tampoco entendías.

Te tapas los oídos para no escuchar.
¿A qué tienes miedo?

No te entiendo, *le dices al taxi driver,*
No te entiendo, *le dices al vendedor de frutas.*
No entiendo nada, *te dices.*
No entiendes nada, *me dicen.*
Quizá es que no entienden.
Quizá es que no les entiendes.
Quizá es que no me entiendo.

No hay salida, no puedes escapar,
quisieras hacer algo,
pero la impotencia te puede.
Adaptarte es la única salida posible.
Eso
o marcharte.

Ya sabes cómo funciona esto,
lo de siempre.
Mantén los pies en la tierra,
observa y calla,
recuerda lo que no quieres escuchar
te gritas el eterno mantra:
¡Calladita estás más guapa!

No escuches,
no entiendas,
brillante estrategia de algunos extranjeros
cierran los ojos, tapan sus oídos
para protegerse,
por eso nunca aprendieron el idioma.
Mejor no hacerlo
si quieres sobrevivir.

Salgo a la calle sin gafas,
me quito las lentillas para no ver
solo en las sombras.
Bendito queratocono
y córnea deformada
que me impiden ver,
escudo protector.

Pagué un precio muy alto
por agarrar la lanza y el pesado escudo
atreviéndome a tratar de comprenderles…
sin entenderles.
Me esforzaba, me desesperaba,
lo volvía a intentar,
una
y otra
y otra,
y un millón de veces más.
Este día, no;
mañana mejor,
estaré mejor volviendo a luchar.

Párate y escucha,
esos mismos sonidos hablan,
aunque
no los entiendas,
aunque se escuchen lejanos,
paradójicamente silenciosos.
Son susurros de los que ya no están.

2.   Pobreza

2.1 Pobres del mundo

Nos convertimos en quien nunca pensamos
observamos, luchamos
y nos frustramos.
Fácil es dictar la norma
y escribir desde un despacho,
componer bellos párrafos
y justificar en nombre de la bondad.
Fácil es hablar del pobre
y recordar cada día del año
por quien estamos luchando,
pero, bajo a la tierra
y el pobre –*como le llaman*–
sigue cansado, me mira
y habla:
¿Cuándo llegará a mí algo?

«Tiremos los dos del carro», *le digo*.
Que el peso entre dos
es menos pesado.
No quiero ver al pobre,
sino al hermano.

¿Por qué seguir manteniendo
ese juego vertical
que no beneficia ni a la mitad
alimentando un sistema que jadea de tanto cansancio,

de tanta hipocresía y engaño?
Dame pan, dame más
para poder descansar
«No seas tonto», *le repiten,*
y «pide al que tiene más».

¡Qué distancia hemos creado
que nos aleja tanto!
¿Acaso yo soy del norte
y tú de este lado?
Si supieras que al final
todos anhelamos lo mismo:
un pan, pero, sobre todo,
un abrazo

¡Ay hermano!,
no eres pobre,
tienes padres, hijos y hermanos.
No eres pobre,
eres mi yo reflejado.

2.2 Por ser occidental

Del otro lado en el mercado
está el otro
siempre vendiéndote algo.
Observa desde lejos
acuclillado,

con sus luces apagadas,
sin ganas.
Nos ve llegar y ya sabe lo que nos cobrará
«el doble que a los demás».
Sus hermanos en otro puesto lo mismo harán.

Y es que... por ser occidental siempre pagas más
sobre todo, en el mercado
donde el precio está pactado.
¿De qué te quejas? ¡Tú lo puedes pagar!
¿No te das cuenta de que no eres igual?
Muchas gracias, pero igual
no lo quiero pagar.
¿Acaso es justo comprar y que te vendan la mitad?
Sabes que no te puedes quejar
y que nadie te entenderá.
Solo queda callar y callar y ser un dólar más.

¡Qué triste esta maldita jerarquía!
¡Qué océano tan profundo e inacabado
nos aleja del hermano!
¡Qué sufrimiento en vano!
Es imposible amar
a quien te trata mal.

La colonia deja huella.
La cultura pesa
como el suelo de terrazo
en fachadas con arco
y en balcones amplios.

Un camino
tan
largo
e inacabado.
Un muro descomunal
tan difícil de derribar.
Ahora ríndete,
no es necesario luchar.

2.3 Indiferentes

No pasa nada.
Da igual lo que pase,
que nunca pasa nada.

No pensé que me salvaría mi propia cultura
de tanta Indiferencia
y Frialdad
contigo,
conmigo,
con ellos.
No corre la sangre en sus venas,
apenas entra claridad
en sus ojos ausentes,
perdidos en la nada.
No pasa nada.
Da igual lo que pase,
que nunca pasa nada.

Me pregunto
si algún día,
irremediablemente, algo pasará.
Si algo podrá tocarles,
enfrentar tanto miedo,
tanto terror embotellado al vacío,
escondido en el alma.

No preguntes,
no razones,
¿para qué quieres entender?
«No busques sentidos», *te repiten y repiten.*
No hay respuestas.
No hay esperanza
por este lado.

El cadáver de la rata
sigue en el suelo
extenuado por la rueda pesada
del coche de lujo
que aplasta
una y otra vez
su cuerpo inerte y desnudo.

Las ratas, los perros, los gatos
mueren aniquilados,
como ellos.
Animalillos del sistema corrompido,
amoldados al reloj de los horarios,
marionetas programadas
para sonreír.

Puedo tocar la mente helada que impasible
apenas logra derretirse a cuarenta grados
¡Qué calor hace,
pero qué frío tengo!

Como budas ensimismados
miran hacia otro lado.
Unos adormecidos en sus camastros,
Otros
con los pies descalzos
descansan despatarrados
en el asiento de al lado.
La mayoría tumbados plácidamente
con los pies en alto.

…si observas bien, hermano,
está el otro
llorando,
mantente indiferente y callado,
trágate la rabia, el ENFADO
y tu amargura de humano.

2.4 Sin cuerpo

Todo sería más fácil si no tuviera cuerpo.
No sería ni tan blanca, ni tan alta ni tan poco flaca.
Si no tuviera cuerpo tal vez lograrías verme,
aunque sea por un sigiloso instante.
Te acercarías para hablar relajado
sin dar un respingado salto
ni un *hello* ensimismado.
Si no tuviera cuerpo
nos iríamos de la mano
charlando embelesados
Me pondría en la fila para comer como tantos
sin miradas de extrañeza en ojos desorbitados.

Si no tuviera cuerpo
podrías imaginarme y sería cualquier extraña criatura
Sin origen,
sin estatus ni raza,
sin historia pasada.
Tal vez lograrías verme,
si no tuviera cuerpo

Pero la realidad manda
e impone esta absurda jerarquía
Obedece a los mayores, a los jefes
y a los blancos.
Sigue sonriendo y callado
sin amenazar el sistema que
fluye y fluye

y te engulle
Ay hermano,
tanto te aplastaron,
tanto en tu sangre va cargado,
suplicio y dolor de tus antepasados.
¡Tantos cuerpos amontonados!
Millones asesinados.
Ahora, sin cuerpo los dos
no somos tan extraños.

2.5 Manada

«Fuera de la manada está la nada…»,
una noche gélida y oscura en el desierto
sin estrellas ni madrugadas
el ostracismo de tu sangre patria
que ya…
ni te habla.

Mantente firme en la fila hermano
sin opiniones, ni juicios,
ni voz,
con la cabeza baja y callado
sigue las instrucciones de la autoridad
que te manda sentados en sus sofás.
«Fuera de la manada no hay nada…»,
solo tu voz interna

que, aplastada,
se hunde en tu corazón,
si la sigues,
morirás de incomprensión.

Baila entre nanas angelicales
y no pienses en la muerte
cuando tu cuerpo se quiebre y se deteriore.
Quédate en la jaula
entre cantos de mañanas y la brisa pasajera
de dioses y monjes que susurran a tu oído:
¡no te salgas, por favor…,
no abandones la manada!

No te aflijas, mi hermano,
el orden ya está creado.
Vivirás tranquilo y acompañado.
La familia entera reunida en la aldea
entre porches de madera y larguísimas palmeras,
una esquelética vaca
come en la verde pradera,
los niños subidos en enormes bicicletas
apenas rozan sus pies el asfalto,
se come arroz, se come cerdo y pescado.
No te preocupes, mi hermano,
tendrás alimento, un techo
y unos padres esperando.

«Fuera de la manada está la nada…»
No huyas ni corras,
no te salgas del rellano.
Si bajas por esa escalera
que conduce hasta el desván,
verás a los tuyos gritar y llorar.
Da la vuelta
y sostente en el pedestal
donde tu cuerpo se pueda incorporar
y al fin puedas reír y soñar
una vida imposible…
lejos de este lugar.

2.6 Heridas

Atravieso canales abiertos de aguas negras,
saltando entre superficies imaginarias,
entre montañas de basura
y putrefacción
El aire cargado de azufre absorbe, despiadado,
la ropa requemada al sol
rompiéndose a pedazos,
trozo a trozo
como tu corazón.

Kilómetros infinitos de carreteras vacías
millones de fragmentos rotos
separados de su centro neurálgico
de su ser entero,
del espacio donde un día comenzó la vida.

Desvinculada de la esencia primigenia
que fue negada,
heridas las alas,
cansado el recuerdo de soportar tanto peso,
tanto pasado.
En Camboya,
en todos los lugares
y espacios
te haces presente
olvidando mirar adentro
creyendo el discurso
triste y apagado.

Vínculo inerte,
roto como los eslabones
de una vieja cadena
que, oxidada, se desprende
a miles de millas
del que fue su territorio
y su bandera.
Apartada observas en una esquina
con la boca tapada.
¡Qué desnuda estabas!,
siempre tan vulnerable y callada.
Tus pequeñas piernecitas tiemblan de miedo,

tu corazón es un tambor
que expulsa golpes secos
bombeando sangre a tu cara roja
que hierve de vergüenza y calor.

Y mientras,
esperando en la piedra *–que es tu torre–*
una absurda llamada,
un grito en la distancia,
un abanico de inconclusas posibilidades,
la luz al final de un túnel imaginario
donde no ves nada.
Solo una extranjera más,
grisácea y ajena,
¡ya ni el rostro ni la mirada reconoces!
apenas resistes anhelando el mañana
que nunca llega,
esa extraña esperanza
que te mantiene firme
y, a la vez, anclada.

No hay árbol,
ni flor
ni primavera.
No hay rostro,
ni abierta mirada.
Alienada de todos,
congeladas de frío gritan desesperadas
las arterias de este corazón.

¿Dónde quedó el ser humano?
Fueron millones los disparos.
¿Qué hay en sus caras
que derrotadas gritan de pavor?
¿Qué hay en sus bocas abiertas de espanto,
en su atemorizada cabeza cubierta
con pañuelos de cuadritos de color?
Es el trauma arrastrado
de generación en generación,
el cadáver aplastado de la rata que gime
y se retuerce
de tan profundo dolor.

Mentes disociadas ríen sin razón.
Se ríen de la vida que heredaron,
de un pasado tenebroso que,
aún hoy latente,
vuela por el aire contaminado.

2.7 Pensamiento lógico

El pensamiento lógico es una quimera.
El mundo…
un ordenado e invisible absurdo
lleno de almas que esperan el purgatorio.
Y en esta tierra
millones más.
Antes pensaba que el sentido común

era la última carta a la que jugar,
pero en Camboya entendí
que la línea divisoria entre lo normal
y lo extraño
está lejos de existir,
que la única realidad que vemos
es la que cada uno única -mente
ve.
¿Acaso entiendes francés,
o chino o khmer?
La respuesta es: «No, sir».

Si vienes a esta tierra, ten paciencia,
no preguntes la razón,
aparca por un rato
a Aristóteles y a Platón.
Entonces…
observa a sus gentes
cómo ríen de la pena,
cómo callan por decreto,
cómo se traicionan a sí mismos
acusando al hermano
para salvarse de la quema
y el dolor.

Miserable ser humano
que diseñas estructuras
y moldeas las cabezas
mientras enarbolas la bandera del pobre
en tu coche de lujo
y tus chancletas de goma.

¡Qué miserables somos!
¡Qué miserables sois!
Qué risa de ser humano,
ni tan buenos,
ni tan vulnerables a la lógica
del que tiene hambre.

2.8 La mujer del pijama

No hay talla,
no hay tela.
No hay alma,
no hay pena.

Hay risas.
Hay extrañeza.
Hay asombro,
hay desesperación.
Solo busco un pijama
de algodón.

Mi cuerpo es muy grande,
mis caderas anchas
como escaparates,
una extranjera en la luna
de otro planeta lejano a mi yo.

Caminan en pijama por las avenidas
vendiendo en sus carros
saliendo en la tarde,
despacio,
en grupos de cuatro
pasean, bostezan,
se airean,
se ríen,
se acuestan

Busco un pijama
de camiseta y pantalón.
«*Sorry, madame,*
not have.»
Comienzan las risas
y la incomprensión.
Me siento extraña…
como subida en un torreón
viendo la vida
desde la más absurda exposición
me quito las gafas,
observo de cerca
y aparecen frente a mí
cientos de pijamas de algodón.

No hay talla,
no hay tela.
No hay alma,
no hay pena.

Hay risas.
Hay extrañeza.
Hay asombro,
hay desesperación.
Solo busco un pijama
de algodón.

2.9 Funeral en la villa

Tres días.
Tres,
tres noches,
tres.
Va va va
va va va
va va vaaa.
Gritan los monjes
despidiendo las cenizas de
otro hombre
Va va va va va va.
Mantras de adiós para su corazón

De tejado una lona blanca
decorada con flores de plástico amarillo
mujeres calvas con blusa blanca,
dolientes,
amargas,

comen sentadas en enormes mesas
carne y fideos de arroz,
otro funeral ya comenzó.

En cada villa,
en cada calle,
en cada vecindario
se vela al que cayó
Rezando,
comiendo,
bebiendo licor de arroz.

En la entrada el retrato con su nombre.
en un pedestal
«un hombre bueno con su familia y la comunidad»
unos ríen, otros lloran
envueltos en la música pesada
de tres violentos altavoces.
El vecindario despierta a las cinco
con los primeros mantras de la mañana
desayunando cerdo y arroz.
Otro funeral ya comenzó.

2.10 Desde la ventana

Entre la espesura
de las infinitas ramas
que absorben este oasis,
dentro la ciudad
me encontrarás.
Aislada del ruido,
la vida ajetreada y
las prisas de lo que sucede;
perdida entre bloques de cemento,
ahogada por los ruidos de la desesperanza

La construcción de un nuevo edificio,
otro agujero profundo
abierto en canal.

¡Qué hicisteis conmigo,
que ni el llanto ni la risa llegan!,
¡qué monstruo creasteis que
a cada paso que daba
intentaba entender lo que necesitabais!

Desde la ventana no hay respuestas,
solo cansancio
y miradas.

CAPÍTULO 3: *DESHUMANIZACIÓN*

3.1 Ciudad vacía

Es tan pesado el dolor,
tan profundo.
No hay escapatoria para la humanidad, *piensas,*
No por este lado.

Gente perdida se alimenta del derroche ajeno
de la materia sin vida despreciada
tirada al estercolero.
Abren sus bocas
y engullen la rata podrida,
restos de la vergüenza ajena.

Las huellas de una niña descalza
tiñen el asfalto quemado por el sol.
El mismo asfalto absorbe las huellas
de las ruedas de un auto.
Ahí mismo, el cadáver de una rata muerta
permanece pegado,
aplastado por cada rueda que pasa,
por cada huella que ahora
tritura la vida.
Les da igual, *te dicen,*

a todos les da igual.
El pobre les da igual,
ni se inmutan.
Asesinas ruedas que son puños
sobre la rata inmune adherida al asfalto.
Te rompe en mil pedazos la indiferencia.
Es el precio de peaje por la construcción de un edificio
de cuarenta pisos

Mientras,
la vida del niño no vale
ni un miserable gramo
de esa montaña de cemento.
Quisieras vomitar,
escapar,
hacer algo…
pero ¿para qué?

Dormidos, muertos
en una vida ajena.
Esta es su vida,
esta es nuestra vida,
absurda lucha de clases.

Enfrente, don poderoso dinero
aparca en la acera su porche negro y dorado.
Camboya sumisa,
Camboya chupona.
Se toma su tiempo y sale del auto
en chancletas de goma.
Culto al cuerpo, a la imagen

y a la piel blanca, al estado,
al rey y a los monjes
que chillan mantras
en inmensos altavoces.

3.2 Venas de Phnom Penh

A veces creo oler la suave frescura de las flores
pareciera como si volaran despreocupadas
por el aire contaminado de esta ciudad.

El asfalto caliente devora la tierra,
mientras ejércitos de colosales hormigoneras
van en fila por las extenuantes avenidas
expulsando cemento del río
ocupando el espacio robado a la tierra,
vulnerando su esencia,
contaminando la vida.

Agujeros profundos,
huecos inmensos e infinitos
abiertos bajo la tierra.
Armonía rota de los muertos,
ya ni a ellos les dejan respirar.
Almas hundidas en miradas,
pálidos y estremecidos.
Mi alma rota y mis entrañas abiertas en canal.

No hay aire
ni respiro.
La muerte
ocupa su lugar.

3.3 Rotos de dolor

Camboya muerte,
Camboya desgracia,
pena derretida.

Camboya ignorancia,
risa y pena,
más pena,
pena de ti y de mí,
la pena de todos.

Camboya hastío,
edificios vacíos
como sus almas derretidas
soportando tanto calor,
tanto dolor.

Camboya dolor
que lo envuelve todo,
dolor que penetra
y asusta
como ellos.
Caras de pánico y pavor,
el grito en la boca,
los ojos de suplicio
y terror.

Hombres y mujeres viven asustados,
bloqueados por el miedo,
comidos por dentro.
Rotos de dolor.

3.4 Niños de la calle

Llueve a cántaros en la noche negra

Llueve a cántaros en la noche negra.
Mis pies protegidos por las sandalias
se hunden absorbidos por el barro y la suciedad,
entre restos de basura,
de mercados abiertos al aire.
La mirada de un niño te traspasa el corazón,
no quiero verle,
no puedo observar sus ojos cansados,

oscuros, apagados,
viejos,
negros como la noche.

No es un niño,
no es un niño.
No lo es.
Es un viejo,
nómada,
moribundo,
un alma perdida
en la noche negra.
Parado levanta el rostro
implorando dinero,
sus manos en posición de oración
claman amor,
engaña su mirada de niño,
roto
teatro sin sentido.

Llueve a cántaros en la noche negra

Se acercan otros dos chavales
también descalzos y perdidos.
Le piden dinero.
Rápido y astuto
esconde los billetes en su mano.
El bicho del hambre
aparece
se gritan, pelean.
A lo lejos

otro más transita perdido
al filo de la muerte.
Sus pies descalzos
absorben el putrefacto y roto pavimento.
Mientras,
un todoterreno con cristales tintados
huye derrapando en un charco,
desapareciendo
en la noche negra.

Llueve a cántaros en la noche negra

3.5 Mujeres de la calle

No hay lugar para ellas en este país
más allá de la copa y la risa,
fingida,
como las luces de mentira
que adornan la noche oscura.
Del castillo de cartón,
acartonado,
del pentagrama callado,
destino derretido en sus manos.

Sentadas esperan clientes,
pequeñas, desnudas,
niñas temblando con zapatos de tacón alto.
En la puerta preside un buda,
en la esquina,
un gordo de pelo blanco.

Apocados con la cabeza abajo
más hombres de pelo blanco
ríen llorando sobre la mesa
cansados de vivir tanto.
Al fondo la cortina, el pasillo
y el camastro.
Enfrente la mujer limpiando,
las calles de tanto barro,
basura y espanto.

Pasan las horas, llegan los llantos,
los gritos y los quebrantos.
Tres policías se ríen a carcajadas.
Date prisa, ¡que el tuktuk espera!

Unos metros más arriba se divisa el ancho río.
Un «lo que fue»
y ya se ha ido.
Ayer,
una perla reluciente de oriente
con sus barcas y sus niños.
Hoy,
una avenida con banderas
te da la bienvenida.

No hay fronteras ni países
cuando el negocio llega.

La parrilla está encendida,
la carne siempre esperando
ser comida a diario.
Se vende pollo,
se vende pato,
se vende carne de perro,
¿también de gato?

No hay lugar para ellas en este país,
más allá de la compra, la venta o el intercambio.
De carne, de huesos,
de risas, de llanto,
de amarga locura,
de amargura
y de espanto.

En la acera hay más bares, más colores,
más mentira, más calor y compañía.
En un banco un hombre calvo
habla con una cerveza en la mano.
Un chispazo se enciende y en la penumbra,
sale el grito y alza la mano de la mujer de al lado.
No hay trabajo para ella, solamente en el mercado,
Mejor se aguanta y lamenta
mirando hacia otro lado.
Mientras los fieles en la pagoda
hacen cola entre flores de rosa y blanco
y los monjes caminan de dos en dos,

descalzos,
pidiendo limosna y cantando.

En la jaula los pájaros gritan.
¿No los oís?
¡Sacadlos!

El cadáver de una rata aplastado,
la rueda lo está pisando y
a estas alturas
ya forma parte del asfalto.
Nadie pensó en recogerlo,
ni los monjes, ni los fieles,
ni el viejo de pelo blanco.
Nadie le tendió una mano
y allí sigue…
esperando.

3.6 Ciudad sin árbol

Cuántas hojas, cuántas ramas.
Cuantas venas derramadas.
Cuántas mesas, cuántas sillas,
cuántas puertas en la villa,
cuántos troncos, cuántos años,
cuántos anillos rotos.

La madera es tan pesada,
¡son tantas las toneladas!
No puedo mover la mesa, ni la silla,
ni la rama.

Con dientes de metal unos hombres desalmados
le rompieron la cintura
Cenizas de corcho y astillas quedaron en el asfalto.
La enorme máquina espera arrancar lo que queda,
algunos huesos, raíces y un poco de hierbabuena
para que hierva la sopa
con más huesos, con más ramas,
con más sillas de madera.
Nadie llora, nadie grita ni implora
mientras el árbol y la vida
ante los ojos se evaporan.

Cuántas hojas, cuántas ramas.
Cuántas venas derramadas.
Cuánta madera rota.
Cuánta vida condenada.
La rama es asesinada
y aquí no ha pasado nada.

Camino por la vereda de una mañana cualquiera
jugando a imaginar pastores
en una verde pradera.
Luchando por inhalar un poco de aire,
robado a la naturaleza
entre edificios de bronce y montañas de arena

¿Dónde está el árbol?
¿dónde quedó la primavera?

El árbol ya no es árbol,
es una mesa,
dos inmensos sillones con respaldo,
un jarrón con flores y guirnaldas adornado
un conjunto de quince sillas y dos mesas de despacho,
una lámpara, una puerta
y un cuadro con apsaras bailando,
una lujosa cama de matrimonio
y millones para el descanso.
Ya sea en el campo, en la villa
o en el palacio
todos aman la madera
y el árbol sigue llorando.

Cuántas hojas, cuántas ramas.
Cuántas almas marchitadas.
Cuánta naturaleza muerta,
sin mañana.

3.7 El rey acabado

Acompáñame subida en la moto
donde los caminos son largos
y el tiempo corto.
Seamos dos niños huérfanos
que sueñan perdidos entre el ruido.
Vayamos a la aldea a conocer a tus padres
y hacerles felices en sus últimos años.
Cúbrete el llanto
y bailemos en la casa,
en la disco y en el baño.

Dejen espacio que ahí va el rey acabado
con su pelo blanco engominado,
sus chancletas de loneta
y su blusa hawaiana.
Detrás, orgullosa, va la camboyana
con su pijama y su gorro de lana.

En la calle todos miran de reojo,
¡otra pareja de perdidos más!
¡qué suerte,
encontraron su mitad!,
dicen las mujeres bajito
mientras hacen las tareas del hogar.
Retirados del trabajo,
excluidos de ellos mismos,
apartados de los suyos.

Vienen solos y terminan acabados
con una cerveza en la mano.

No te aflijas,
construiremos un hogar,
yo lo pago y tú lo cuidarás.
Cumpliré con la dote, la boda
y los gastos de toda la comunidad.
Pronto llegará tu embarazo
y un hijo a mi edad me darás.
Una cuenta a tu nombre
y ¡diez años más de felicidad!

3.8 Qué lejos se ve París

Hay veces que la esperanza se cuela
    [por un angosto agujero
Lo que antaño parecía casi imperceptible
    [ahora es revelado.
Cuando la piel se despega y el pelo se cae.
La vida ya fue vivida
y no se espera ya compañía.
El amor renace, se deja mecer
bañado entre árboles de mango y lelawadee.

Volvamos a ser dos niños,
caminemos juntos por el paseo
con los dedos entrelazados
jugando y riendo despreocupados
mientras todos observan asombrados.

Te conocí una noche cualquiera
de esas de trago en la mano.
Tú andabas esperando clientes
    [y yo no quise mentir,
una mano de madre, un abrazo de esposa,
una suave caricia para poder dormir.
Tus manos delicadas y brillantes
untadas con esencia de coco y jazmín
se iban sumergiendo dentro de mí.
Tus dedos penetraban
por cada angustiado huesecillo
de mi cuello.

Gritemos al mundo que nos mira
y nos juzga sin saber.
¡Esto es amor, es real,
el dinero no da la felicidad!
Huyamos del estigma y el estatus
y vivamos lo que nos quede por vivir.

Nuestra casa camboyana,
enjauladas las ventanas
el suelo de terrazo antiguo y,
en la esquina,
un templo de buda entre flores de plástico
y minúsculas bombillas.
Un jarrón de loza con palillos de incienso
y flores de loto rosa y blanco.

Arrullados por los dioses dormiremos en la hamaca
acurrucados en la suave brisa tropical
despertando cada mañana entre gallos
y pollos de corral.
Desde aquí
¡qué lejos se ve París!

3.9 Memoria en una placa

Cada día paso por la misma esquina
y ahí sigue colgada la placa del museo
vieja y oxidada
durmiendo abandonada,
sin manos
que limpien sus letras
antaño pulidas y brillantes.

Dejada, dejada, dejada
como los cuerpos en las camas,
dejados, dejados, dejados
como los rostros apagados
y el alma cortada
en la más necia exposición
de seres humanos.

Entre desangeladas palmeras
el patio del colegio permanece vacío.
En el aire vuelan espíritus
de niños que son ángeles,
de almas gigantes.
Millones fueron los muertos y exterminados,
los excluidos y rechazados
por llevar gafas y pensar con la cabeza.

Mientras
fuera del museo
continúa la vida moviéndose vertiginosa
apagando el recuerdo que
tras un tiempo se borra de la memoria.
Permanecemos en nuestro sitio,
pero olvidamos
Los recuerdos son de otros
que ya no lloran.
Absurda comedia del ser humano
que todos llevamos.

3.10 Beer gardens

Beer gardens.
jardines de carne.
Beer gardens.
Sueños rotos
de hambre,
de tanta hambre.

Cansados de la esposa,
de la estricta jerarquía
de obedecer a los jefes,
a los monjes,
y al sistema.
Corre que la familia espera

una ración de arroz
y con suerte
un trozo de carne.

Beer gardens.
Jardines de carne
Beer gardens.
Sueños rotos
de hambre,
de tanta hambre.

En la entrada están las nadies.
Sin nombres,
¿con pena?
Niñas con piernas de carne
niñas muertas del hambre.
Niñas que sufren la espera del tío,
el abuelo o el padre,
necios que mueven en sus motos
sus escuálidos brazos
y sus huesos sin carne.
Cuerpos de nadie.
Fuera,
el olor de las brasas.
Montañas de plástico y adultos
que son niños en cunas gigantes.
¡Ay Buda, ay madre!
qué vacío,
¡qué pena tan grande!
Deja al cliente y corre que el niño llora,
reclama abrazos de madre,

llora y llora
del hambre
vomitando sangre
llora y llora
y no hay nadie.

Beer gardens.
Jardines de carne.
Beer gardens.
Sueños rotos
de hambre
de tanta hambre.

3.11 Esperando amor

No se ocultan,
pavonean sus tacones
por el barrio
un oasis de riqueza
en una inmensa e infinita planicie
de pobreza.
Toneladas enteras de basura,
supervivencia.
A este lado del río
siento náuseas,
el olor del azufre y
la putrefacción.

Prostitución, violencia, inseguridad.
Parejas fruto del desequilibrio
también llamado amor,
de hombres mayores con jovencitas
de cartón.
Personas mendigando,
pidiendo un favor
Give me one dollar!
Un hombre sin piernas,
con muñones en silla de ruedas
vende libros en una acera,
aire tóxico en el pulmón,
vidas rotas de dolor,
exclusión,
vómitos,
calor.
Sentados en el mismo banco
todos los hombres
esperan amor.

3.12 Invitada

La mesa está servida,
una enorme sopera de metal,
un cuenco reventando de arroz
y varios platos vacíos más.
Los cubiertos reposan boca abajo en un vaso.

Los platos siempre redondos y blancos,
Las bandejas con flores rosas y de plástico.
Sal nunca hay,
solo soya y *tuk trey.*
Se come poco,
se deja mucho en el plato.

Las moscas revolotean
por el aire cargado de olor a marrano y *prohjob.*
Todos comparten del mismo plato:
el anciano, el niño, la madre, el padre
y hasta el pájaro, que, muerto de calor,
reposa angustiado.
Callados engullen caldo de pescado
en una enorme sopera de acero barato.
Mezclando sabores agridulces y amargos
muchos sobrevivieron al genocidio y la hambruna
comiendo arañas, saltamontes,
grillos y sapos.
La música y la cerveza van llegando.
El altavoz grita desesperado
y los vecinos aguantan resignados.

Bajo la techumbre de los juncos secos
un viejo ventilador remueve con sus aspas
el soporífero calor.
Pasan las horas, se pone el sol,
el aire se empapa de carcajadas y humor.
Los ancianos, las mujeres y los niños se retiran,
se encienden las luces de neón.
Una voz ebria y desafinada

grita en un karaoke una canción.
Todos ríen mientras pierden la cabeza
bebiendo alcohol.

3.13 Más pobres hoy

Encerrados,
sin puertas de salida
ni ventilación.
Ni un hueco escondido
donde se cuele la luz.
Cercados,
entre vallas de hierro
y avenidas de desolación.
En las calles han instalado
barreras de separación
para contener el virus
y la sinrazón.
Tiendas y mercados precintados.
La vida apagada y
el tiempo congelado en el reloj.

¡Prohibido el paso!,
¡documentación!
Decreto gubernamental:
Zona roja: encierro de apestados.
Zona amarilla: miedo y prohibición.

Zona verde: libertad restringida.
En el corral los gallos gritan
amarrados de la coronilla
tapando sus bocas asfixiadas
hasta perder la vida.

Otra tarde derretida del mes de abril.
Las mujeres resignadas pasean con sus pijamas.
Ni vender pueden en sus puestos
verduras ni panes.
Si no se levanta el bloqueo
no habrá nada en el plato,
solo llanto silencioso
y miradas de espanto.

En una esquina la autoridad manda
impidiendo el paso con sus gorras negras
y sus botas de payaso.
El pueblo calla temeroso,
agacha la cabeza
y continúa en fila despacio.
Mientras, la carreta del pobre
duerme en una esquina
polvosa y vacía.

En el extrarradio
las familias se amontonan
como abejas en colmenas.
¡Qué tristeza tan profunda!
¡Cuánto dolor y miseria!
Sobreviven en apenas siete metros de vivienda.

Por no haber,
no hay ni espacio
para sollozos y llantos.

Entre basura, mugre y contaminación,
las mujeres cocinan en los pasillos
en la parrilla, carne,
y en el fogón, arroz.
Dentro,
aglutinados en una habitación,
una minúscula nevera y un viejo ventilador.
Por los huecos de las terrazas
se asoma la ropa colgada
adornando la vieja pared desconchada.
Como en cada hogar
Buda sonríe
entre billetes de dólar, inciensos
y granitos blancos
de arroz.

En un cuarto una familia de diez
come las sobras de ayer.
Permanecen callados,
son muchas las semanas sin jornada ni trabajo.
En la sala los retratos de sus antepasados,
igual que ellos, con una *kroma** y descalzos.
Círculo de miseria inacabado.

La madre llora desconsolada,
Los uniformes siguen limpios y planchados.
Las escuelas con los candados cerrados.

El tiempo apremia
no sirve el descanso,
llegó el momento de recoger algo.

Asustados se esconden de la policía
que yacen en sus hamacas roncando.
El padre conduce el carretón
y los hijos van dentro jugando.
Cartones y latas duermen en las esquinas
a las tres de la mañana.
Los hijos cubiertos de polvo bostezan cansados
el padre recoge la última tanda
y llena el carro.
Por suerte ¡mañana habrá arroz y pescado!

La madre enferma,
espera tumbada en el camastro de madera.
Los tres hijos llegan dormidos
y, el más pequeño, casi desnudo
y llorando.
La penumbra de la sala envuelve los sueños
y sigilosamente calma al rebaño.

CAPÍTULO 4: *RECONSTRUCCIÓN*

4.1 Campos de Camboya

Eres llanura larga e interminable
perdida entre la espesura
de infinitos arrozales
absorbidos por el agua,
eternamente plana.
Te vistes de verde brillante
bailando en la escasa sombra
de esbeltas palmeras.
En el horizonte el sol caliente
y penetrante del este
refleja su luz naranja
en cada instante de naturaleza,
en la sonrisa del niño en bicicleta,
en la arena rojiza que penetra en la mirada
y quema los ojos.
No hay respiro en las tardes de abril y mayo
donde el sol se adhiere a la piel
y hace daño.
¡Qué calor tan sofocante!
Las palmeras abrasadas
son la sombra de búfalos de agua
y esqueléticas vacas
que pastan despreocupadas.

Largo y plano es el campo camboyano
con sus casitas de madera
y sus ventanas azuladas.
La escalera empinada en el costado
y el suelo de tierra
donde entre camastros y enormes tinajas
se cocina, se come y se duerme
al abrigo de árboles de mango y *lelawadee*.

En la planta de arriba
la imagen de un buda
te da la bienvenida,
mientras el aire polvoso
tambalea dos farolillos chinos
en recuerdo de los antepasados.
Cruje en la noche el suelo de madera.
Los grillos cantan,
los guecos murmuran
adheridos a los techos y las paredes
y los zancudos dan mil vueltas
en la penumbra solitaria
de una polvosa bombilla.
Anochece,
y en mi memoria por siempre
el aire impregnado del olor
de los rastrojos quemados,
restos de basura y botellas de plástico.

Pasan las horas del reloj imaginario.
El viejo sonríe acuclillado
y los niños juegan
tirando a las vacas del rabo.
La familia siempre unida
duerme sobre alfombras de bambú
y colchonetas de espuma.
Así, si los espíritus vienen
estarán acompañados.

El calor tropical de la mañana
se cuela por cada agujerito
de las paredes y abrasa el tejado.
Al amanecer las mujeres fríen el puerco
y los insectos en la lumbre.
El olor del aceite y la carne chamuscada
se mezclan con el hedor de cloacas,
vacas, gallinas y cerdos.

Rural Camboya es tu territorio entero
bañado de nenúfares y flores de loto
que emergen milagrosas
de la tierra encharcada
viviendo como muertas
eternas en el agua.
Inacabables carreteras
donde repostar gasolina en cada esquina
De cocacola, whisky o ron,
¿qué botella prefieres hoy?

Un escandaloso megáfono grita en la distancia,
son los mantras sagrados de los monjes
que velan por cinco días y sus noches
al muerto del vecindario.
Las mujeres –bajo cuarenta grados al sol–
visten largas faldas de tergal y tiesos corpiños de encaje.
Ni una gota de sudor transpira por sus pieles marrones.
Ni rastro de melancolía en sus caras
envueltas de sonrisas
y corazón.

Una carpa desmontable invade
todo el ancho de la calle.
Dentro las mesas repletas de comida
para los que van llegando.
La fiesta no ha hecho más que empezar
entre las voces persistentes de los monjes
y el ruido ensordecedor de los altavoces.

¡Ay campo camboyano!
Los mismos gritos y alborotos
despidiendo a un muerto
que casándose unos novios.

4.2 Vidas nuevas

Cómo transformar la adversidad que nos atrapa
engulléndonos entre sus garras oscuras y profundas.
Cómo liberar el peso que arrastra el cerebro
colándose por cada agujero de nuestros pensamientos
hasta dejarnos abatidos y exhaustos.
Cómo afrontar el miedo a la nada,
al ser y estar
sin pretender cambiar nada.

Los árboles ya crecieron altos y robustos
mostrando orgullosos sus espesas y alargadas ramas.
Vidas nuevas que nacen de otras vidas pasadas,
limpiando las milenarias raíces en descomposición.
Hoy crecen libres y sanas sin miedo a morir.

La tierra limpia y abonada absorbe las cenizas
que alimentarán un nuevo mañana,
terreno fértil y abierto,
canal seguro para el nacimiento.
Cosecha de flores de cuatro colores,
milagro sublime de la naturaleza.

Del agua estancada florece la flor de loto.
De color rosa, sagrada
pureza del cuerpo y el alma.
La belleza emerge inesperada
entre las aguas putrefactas y pantanosas.
Los ojos vendados, el sueño eterno
y la mente quebrada
impiden ver el otro lado,
ese que antaño anhelamos
y que permanece ahí en frente
clamándonos:
¡Quedaros, quedaros, no huyáis, hermanos!
Bailad entre el césped verde y los árboles milenarios
abrazados entre nanas de aire desconsolado.

No temáis, que el río se llevará los escombros,
los bloques de piedra maciza,
las ramas caídas,
los peces enfermos
y los cuerpos muertos sumergidos en el agua.
Exhaustos de dolor navegarán por la corriente
        [densa y pausada
hasta su putrefacción.
Materia convertida milagrosamente
en alimento de peces y pájaros,
metamorfosis de la vida.
Un suspiro,
un sonido de esperanza en la distancia.
Párate y escucha cómo el ritmo de la vida
vuelve a fluir por todos lados.

4.3 Sin nombre

Despertar en la nada habiendo perdido todo.
Sin construcciones externas,
sin ojos que juzgan y validan,
sin condiciones aprendidas.
Solo tú, desnuda,
envuelta en el aire tropical caliente y pesado.

¡Qué difícil es no tener marcas ni cicatrices!
Unas heridas van sanando y otras nuevas aparecen.
Duele la vida cuando te arriesgas,
abres el cajón y aparece tu yo escondido,
ese al que antaño colocamos una careta
para ocultarnos de las voces y ruidos
y no ver demasiado.

Quítate la máscara que esconde la sombra primaria.
Expulsa el miedo a perderlo todo.
Una y otra,
y otra
y otra vez.
Esa mujer que aturdida
juega a componer todas las partes
dándoles espacio para crecer seguras.

4. 4 Sin miedo

El aire roza suavemente
su pequeño rostro chino,
sus ojos hambrientos de vida
irradian magia e ilusión.
Su sonrisa relajada y pura,
sin contaminación.

Como un pájaro
sin temor a ser enjaulado
vuela alto por el cielo camboyano
color añil y rosado.

De pie agarra seguro sus manitas
en el manillar de la moto,
y juega a ser mayor.
Pareciera un príncipe valiente
montado en su caballo blanco,
trotando rápido y despreocupado
entre la muchedumbre y los mercados.
Sin miedo a lo desconocido,
¡para él no existen los malos!

Los brazos del padre
acogen al pequeño
abrigándole, invisible.
Certero sabe lo que le espera al hijo
y prepara el terreno
para que no sienta miedo.
Detrás va la madre

agarrando de un brazo
su bebé medio desnudo.
Como un péndulo
las endebles piernecitas
ladean de un lado a otro
al llegar una curva o
un movimiento rápido.
¡Qué falta de seguridad!,
¡qué irresponsabilidad!
Qué fácil fue juzgar
desde mi mente ordenada
y occidental.

Sentados en la ladera del río
comen sin temor
lejos de los ruidos de las calles
y la polución.
De repente un grito profundo y devorador.
La madre llora
desconsolada de dolor.
Tres adolescentes en una moto
destrozaron su corazón.

El sol picante de oriente,
redondo como una naranja,
envuelve con su calor,
gajo a gajo,
el cuerpo del niño
que yace dormido
en brazos de su padre.

4.5 Flor de loto

Abierta y entera miras al cielo
Milagrosa criatura,
tan franca y pura.

Son por fuera tus pétalos de hierro, irrompibles.
Por dentro, filamentos de tu espíritu cristalino.

Naces del agua estancada,
putrefacta y muerta.
Después de muchas batallas,
de muchas vidas pasadas.

Nadie te esperaba, flor de loto,
y, aun así,
emerges regia y valiente.
¿Qué hay en tu naturaleza?
¿De dónde viene esa infinita luz que
inesperadamente desprendes?

¡No eres una flor cualquiera!
Eres el gozo de la vida
y el marchitar de la muerte.

4.5 Los años que nos van quedando

Estos meses pasaron como largos
y dilatados veranos
sin mirar horarios ni calendarios.

Sin embargo,
hoy algo ha cambiado y mis ojos
vuelven milagrosamente a ver la naturaleza
y los pájaros.
Una dulce esperanza
regresa, inesperada,
a su centro neurálgico.

Quizá sea el comienzo de una nueva vida,
de unos nuevos años,
de más inesperados encuentros,
o quizás tal vez
de más helados desengaños.

Me pregunto si algún día los fantasmas
vuelvan a habitar esta casa
y escondidos entren sin avisar,
si otra vez me devore el vacío
de aquella habitación,
el recuerdo del cristal
empañado de vaho,
el movimiento del parabrisas
de lado a lado sonando
per-sis-ten-te-mente

entre sus gritos y voces,
entre mis silencios apagados.

Campos abiertos sin vayas ni propietarios
donde reposar del cansancio
y seguir caminando
son la cuenta atrás de los años
que nos van quedando.

4.6 Si no hacemos nada

Es salvia que fluye sanando las venas,
es la flor de loto creciendo milagrosa
en el agua estancada.

Son tus raíces,
como mis antepasados
milenario árbol…
inexplicable primavera
que nace todos los años
y el aire,
bálsamo invisible que nos alimenta.

Pobre mundo de asfalto y ladrillo
de agujeros en la tierra que no abonamos
en el tronco herido tras el golpe del hachazo,
trauma que renace de las tinieblas
ge-ne-ra-ción tras ge-ne-ra-ción.

¡Dejad a la madre tierra crecer!
¡dejad que las ramas nos cubran con sus sábanas!
¡romped el candado!
¡abrid la jaula
para que puedan los pájaros volar!

Naturaleza salvaje
que te adentras
como hierba locamente enamorada
bálsamo inmortal que rejuvenece.
Burbuja de aire donde respiro escondida.

Soñamos con un mañana que no llegará.
Si no hacemos nada.

4.7 Hoja en blanco

Aire limpio de una mañana tras el diluvio.
Despertar de una noche reparadora
con la cabeza oxigenada
preparada para crear,
sintiendo la vida,
mente recargada con diez minutos de siesta.

Así quiero corazón sentirte siempre
absorbido por el ímpetu
y la pasión desenfrenada
del irrepetible instante de las flores,

la frescura de la leche
empapando los dientes de un bebé
la paz del espíritu que encontramos
cuando la hoja está llena de blanco.

4.8 We, ella, las dos

Ayer te vi
llorabas.
Nadie me creería,
pero ayer te vi
Te había perdido
por varios años.
La dureza de este país
con sus fantasmas
y sus voces lejanas.
Solo dos almas esperándose
al encuentro.

Al fin pude salir de la jaula y,
sin saberlo,
me dirigí hacia ti.
Tu nombre en camboyano
era Wee.

We, ella, las dos,
nosotras,
y el aire harapiento sobre nuestras cabezas.

Los libros y este pesado trauma
que arrastro
me enseñaron cómo apoyar
mi mano sobre la tuya
y volar sobre tu tatuada piel
que tanto te empeñabas en esconder.

Blanco sobre marrón,
marrón sobre blanco.

Mi alma hace tiempo
que no esperaba nada.
Solo sueños disociados
en un cajón maltrecho
del lado derecho.

4.9 Camboya sonríe

Tu sonrisa de luz
y hambre,
tan bella,
tan ingenua,
tiembla.
Camboya eterna,
señora y prostituta.
Te veo tan triste y sola,
tan apagada.
Milagro de la vida
en tu cuerpo redondo,
vestida de oro y miel
tus manos y tus pies.
Baila la diosa estirando sus dedos
hacia arriba y al revés.
Sonríe callada, avergonzada,
entre la muchedumbre
y su dulce timidez.
Sonríe cansada
entre camastros de madera
y hamacas colgadas de la pared,
entre árboles de mango
y cientos de eternas
flores de loto.
Sonríe, niña,
Sonríe y llora
ahora
lágrimas de vida
y eterna languidez.

Esta
primera
edición de
La mujer del pijama, de
Paloma Lafuente Gómez, ha
sido impresa con papel ahuesa-
do, de 80 gramos. Se ha utilizado
la tipografía Garamond Pro. Se
terminó de imprimir en Repro-
gráficas Malpe, en Getafe
(Madrid), en el mes de
junio del año 2024.